开辟鸿蒙

宜昌博物馆
展览系列图集

宜昌博物馆 编著

丁汇宇 主编

文物出版社

图书在版编目（CIP）数据

开辟鸿蒙 / 宜昌博物馆编著；丁汇宇主编 . -- 北京：文物出版社，2022.12
（宜昌博物馆展览系列图集）
ISBN 978-7-5010-7425-9

Ⅰ . ①开… Ⅱ . ①宜… ②丁… Ⅲ . ①博物馆 – 介绍 – 宜昌Ⅳ . ① G269.276.33

中国版本图书馆 CIP 数据核字 (2022) 第 059421 号

宜昌博物馆展览系列图集

开辟鸿蒙

编　　著：宜昌博物馆
图书策划：肖承云　向光华
主　　编：丁汇宇
封面题签：罗　群
策划编辑：李　睿
责任编辑：王颖洁
责任印制：王　芳
装帧设计：雅昌设计中心
出版发行：文物出版社
社　　址：北京市东城区东直门内北小街 2 号楼
网　　址：http://www.wenwu.com
邮　　编：100007
经　　销：新华书店
印　　刷：北京雅昌艺术印刷有限公司
开　　本：889mm×1194mm　1/16
印　　张：5
版　　次：2022 年 12 月第 1 版
印　　次：2022 年 12 月第 1 次印刷
书　　号：ISBN　978-7-5010-7425-9
定　　价：108.00 元

《宜昌博物馆展览系列图集·开辟鸿蒙》
编辑委员会

主　　任：苏海涛

副主任：郭青芸　肖承云

委　　员：高家清　何中源　向光华　赵　冬　吴义兵

主　　编：丁汇宇

副主编：周华蓉　张　弛　裴　蓓

编　　辑：赵世琪　刘　锐　杨心羽　谢天恬　周珺瑶　董全涛

摄　　影：刘晓伟　张　弛

总序

宜昌，世界水电之都、中国动力心脏，伟大的爱国诗人屈原、民族使者王昭君的故乡，是巴文化、楚文化交融之地。现有考古资料证明，夏商之时巴人就已存在。周初，巴人参与了武王伐纣之战，因功封为子国，即巴子国。早期巴文化遗址以清江及峡江地区分布最为密集。在宜昌发现的40余处巴人遗址中，出土了融多元文化为一体的早期巴人陶器和錞于、编钟、釜、洗等青铜乐器和礼器，族群特色鲜明。根据《左传·哀公六年》记载："江汉沮漳，楚之望也。"说明沮漳河流域是楚人政治、经济、文化和军事发展的重要之地。其经远安、当阳、枝江等全长约276公里的沿岸分布着楚文化遗存达709处。

秦汉以来，宜昌历经了三国纷争、明末抗清斗争、宜昌开埠、宜昌抗战等重要的历史事件，保留有各个时期大量的重要历史遗迹、遗存。历年来，通过考古发掘出土、社会征集了大量的文物和各类标本。

宜昌博物馆馆藏文物40499件/套，其中一级文物108件/套（实际数量172件）、二级文物141件/套（实际数量184件）、三级文物1888件/套（实际数量3082件）。楚季宝钟、秦王卑命钟、楚国金属饰片、春秋建鼓、磨光黑皮陶器等一系列的西周晚期至战国早期楚文化重器和精品，为我们勾勒出楚国作为春秋五霸、战国七雄而雄踞一方的泱泱大国风采。另外，还有馆藏动物、植物、古生物、古人类、地质矿产等各类标本，艺术品、民俗藏品等10000余件/套。

宜昌博物馆位于宜昌市伍家岗区求索路，建筑面积43001平方米。远远看去就像一座巨大的"古鼎"，古朴雄伟、挺拔壮观。主体建筑以"历史之窗"为理念，集巴楚历史文化元素为一体，形成了一个内涵丰富、极具文化特色的标志性建筑。外墙运用深浅变化的条形石材，呈现出"巴虎楚凤"的纹饰，表现出"巴人崇虎，楚人尚凤，楚凤合鸣"的设计效果。不但具备大气磅礴的外观，还体现着时尚的元素和颇具宜昌风味的文化特色。

大厅穹顶借用了"太阳人"石刻中"太阳"为设计元素，穹顶外围铜制构件巧妙地运用了镂空篆刻的设计，体现了宜昌地区祖先对太阳的崇拜以及宜昌作为楚国故地对屈子哲学的崇尚。迎面大厅正中的主题浮雕"峡尽天开"，用中国古代书画青绿山水技法，再现了宜昌西陵峡口的绿水青山，它既是宜昌地域特点的真实写照，也向世人展示着宜昌这座水电之城的秀美风采。

博物馆的陈列展览主题为"峡尽天开"。"峡尽天开朝日出，山平水阔大城浮"是著名诗人郭沫若出三峡时对西陵峡口壮阔秀美风光的咏叹，是对宜昌城地理位置的准确描述，也契合了宜昌由小到大，由弱到强，几次跨越式发展的嬗变历程。陈列展览针对大纲重点内容进行提炼并重点演绎，以特色文物为支撑，坚持"用展品说话"的设计原则，辅以高科技多媒体技术、艺术场景复原等手段，彰显开放、包容、多元的城市品格。展览共分十个展厅，分别是远古西陵、巴楚夷陵、千载峡州、近代宜昌、数字展厅，讲述宜昌历史文明的发展历程；风情三峡、古城记忆、书香墨韵，描绘宜昌多彩文化；开辟鸿蒙、物竞天择，寻迹宜昌人文与自然的传承永续。

宜昌博物馆展陈具有以下特色：一、内容综合性。它是集自然、历史、体验于一体的大型综合类博物馆；二、辅展艺术性。雕塑、艺术品、场景复原风格追求艺术化创新，艺术大家参与制作，老手艺、老工艺充分利用，多工种、专业交叉施工，使展览更加洒脱、细腻、生动；三、布展精细化。布展以矩阵式陈列展现宜昌博物馆丰富的馆藏，在文物布展的细节之处，彰显巴楚文化的地方特色以及精神传承；四、体验沉浸式。它区别于其他博物馆的传统式参观，引入古城记忆的沉浸式体验，穿街走巷间，感受宜昌古城风貌；五、运行智能化。充分运用 AR 技术、智慧云平台等先进的智能化互动方式，让展陈"活"起来；六、展具高品质。进口展柜、低反射玻璃、多种进口灯具组合，无论在哪一环节，都精益求精，打造精品博物馆。

筚路蓝缕，玉汝于成，宜昌博物馆从无到有，从小到大，凝聚了几代宜昌文博人的心血，见证了宜昌文博事业的发展。陈列展览通达古今、化繁为简、注重特色、彰显底蕴，处处体现着宜昌人的文化自觉、文化自信、文化自强。如今宜昌博物馆凤凰涅槃，并跻身国家一级博物馆行列，即将扬帆踏上新的征程。让我们寻迹宜昌发展的脉络足迹，共同打造文化厚重、人气鼎盛的现代化梦想之城！

苏海涛

2021 年 12 月于湖北宜昌

开辟鸿蒙

宜昌博物馆展览系列图集

目　录

阆辟鸿蒙

目前比较流行的大爆炸理论认为，宇宙是由一个致密炽热的奇点于150～138亿年前一次大爆炸后膨胀形成的。爆炸之初物质只能以中子、质子、电子、光子和中微子等基本粒子形态存在，宇宙爆炸之后的不断膨胀导致温度和密度很快下降，随着温度降低、冷却，逐步形成原子、原子核、分子，并复合成为通常的气体；气体及尘埃逐渐凝聚成星云，星云进一步形成各种各样的恒星和星系，最终形成我们如今所看到的宇宙。今天的宇宙还在继续膨胀。

601
太阳系

展览概述

　　宇宙、太空，星云、银河，太阳、行星，生物、生命，地球、人类，岩石、矿物……为了让观众了解宇宙的诞生与演变、生命的起源与发展、岩石矿物的形成与种类，从而对我们生活的宇宙、地球及环境有一定的了解，对那些曾经或现在仍然生活在地球上的生命有一定的认识，为青少年埋下一颗爱护地球、爱护生命的希望之花，为成年人点亮一束关于时间与生命的探索之光。宜昌博物馆依托自然资源部武汉地质调查中心（原宜昌地质矿产研究所）移交的 367 件岩石矿物、古生物化石标本举办《开辟鸿蒙》专题展览，为观众开启一场关于宇宙、地球、生命的时空之旅。

一、展览内容

《开辟鸿蒙》展览以时间为轴，介绍关于宇宙、银河系、太阳系、地球的形成及生命的起源等内容，引导观众了解自然、保护自然、与自然和谐共生。序厅从距今138亿年前的宇宙大爆炸开始，到46亿年前地球的形成，讲述宇宙、太阳系与地球形成的过程。第二单元讲述从距今40至25亿年前原始生命的形成、到距今500至400万年前人类的诞生过程中，生命从产生到不断进化发展的历程。第三单元主要介绍地球的形成、地质构造、自然灾害、环境保护知识，呼吁大家保护环境，守护我们共同的家园。第四单元以岩石、矿物为重点，介绍与我们的生产、生活息息相关的自然资源。第五单元结合宜昌的地质特点，为观众讲述宜昌的地质变化过程，详细介绍宜昌矿产资源的分布及地形地貌特点，让观众了解宜昌的地形、地貌以及地质情况。

二、展览形式

为了突出每个单元的展陈内容，本展厅采用不同的色彩搭配，给观众提供身临其境的场景布置，使其仿佛置身于浩瀚无穷的时空之中。

展览使用展柜42个，包括通柜、腰柜、独立柜三种。通柜用于展示数量较多的展品；腰柜分为落地式与平放式，用于展示数量不多的成组展品；独立柜用于展示体型不大的重点展品，内置独立供电可调节的光源，能够通过灯光的效果突出展品的特点，也能够根据展品的大小、形制的不同进行调整。

展厅使用展板49块，分为4个层级，全部采用中英文对照的表述方式，各级展板内容以展陈大纲的逻辑顺序为依据确定，各单元的展陈内容对应不同层级的展板。整个展厅的展板设计有序，整齐美观，简洁明了，让观众能够把握每个单元的重要内容，观展时主次分明，逻辑清晰。

展厅共有场景10处，分布在各个单元，其中场景复原7处、沙盘模型2处、人类骨架模型1处。展厅的场景分布有序，设计巧妙，主要以大型油画作为背景，配合仿

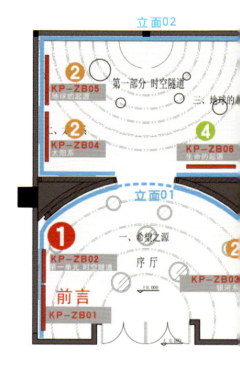

制的星球、恐龙、植物等，运用现代科技手段和艺术创作，模拟浩瀚无穷的宇宙，还原各地质时期地球的生存环境与状态。在场景设计制作时，充分考虑了展品的特点，场景只是展览的辅助，重点是为了突出展览主题，突出展品的特性。例如在恐龙时代的场景中，我们将场景与展品相融合，把展品融入场景中，为观众带来一种独特的参观感受，

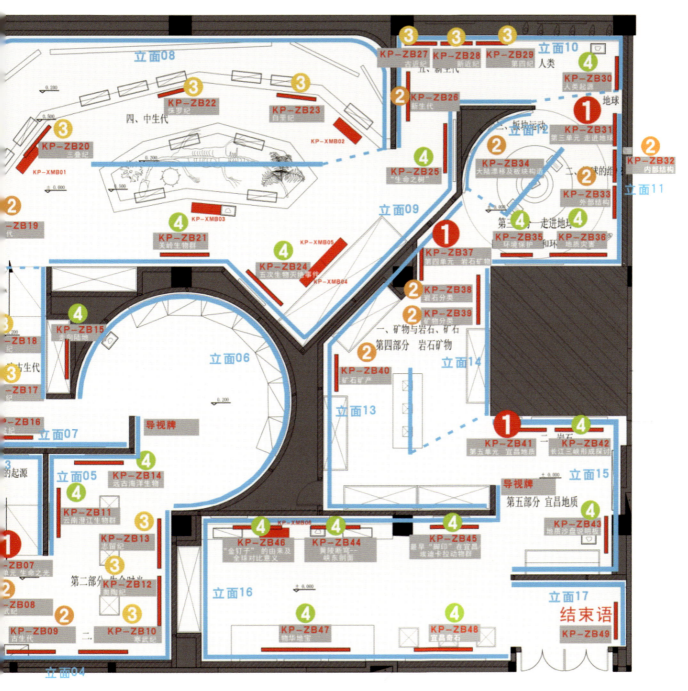

《开辟鸿蒙》展览总平面图

增加观展的趣味性和吸引力。

　　展览将传统的展览方式与现代科技相结合，利用多媒体技术作为展览的辅助与补充。在展览设计之初，考虑到一些展品知识或背景介绍较为复杂与烦琐，如果通过传统的展板结合文字的方式去传达，会让观众产生观展疲劳，较为复杂的知识点儿童与青少年观众也难以理解，所以我们把内容较为丰富，且趣味性较强又难以理解的知识点，运用现代多媒体技术，以视频、互动、智能查询的方式呈现给观众，让不同年龄段的观众都能够轻松地观看，既满足了展览设计的初衷，又提升了展览效果，增强了观众与展览之间的互动，加深了观众对相关知识的了解。

第 一 章
时空隧道

宇宙是万物的总称，是时间和空间的统一。汉代学者张衡在其所著《灵宪》中说："宇之表无极，宙之端无穷。"认为宇宙是无始无终、无穷无尽的，我们可以观测到的天体是有限的，而要探索的宇宙是无限的。

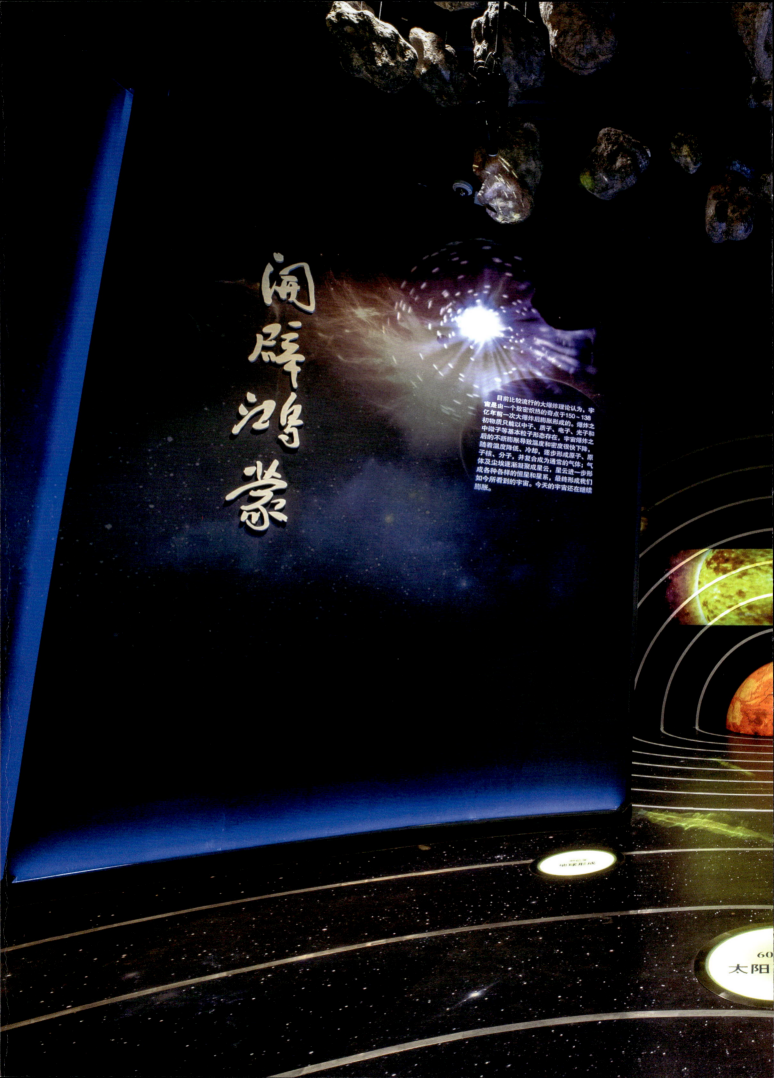

闹辟鸿蒙

目前比较流行的大爆炸理论认为，宇宙是由一个致密炽热的奇点于150～138亿年前一次大爆炸后膨胀形成的。爆炸之初物质只能以中子、质子、电子、光子和中微子等基本粒子形态存在，宇宙爆炸之后的不断膨胀导致温度和密度很快下降，随着温度降低、冷却，逐步形成原子、原子核、分子，并复合成为通常的气体；气体及尘埃逐渐凝聚成星云，星云进一步形成各种各样的恒星和星系，最终形成我们如今所看到的宇宙。今天的宇宙还在继续膨胀。

太阳

时空隧道主要运用场景、多媒体投影、展板相结合的展览方式。太阳系场景中将太阳系八大行星的缩放模型以地面和立面结合的方式呈现，并划出运行轨迹，直观地展现太阳系八大行星的位置、大小和运行轨道，配合多媒体投影循环播放介绍宇宙、银河系、太阳系以及地球形成过程的视频；展板则是布置在场景两侧，既不影响观众观看场景与投影，又能通过展板介绍相关背景知识，让观众边看边听边学，仿佛穿越时空隧道，置身于浩渺无穷的宇宙之中。

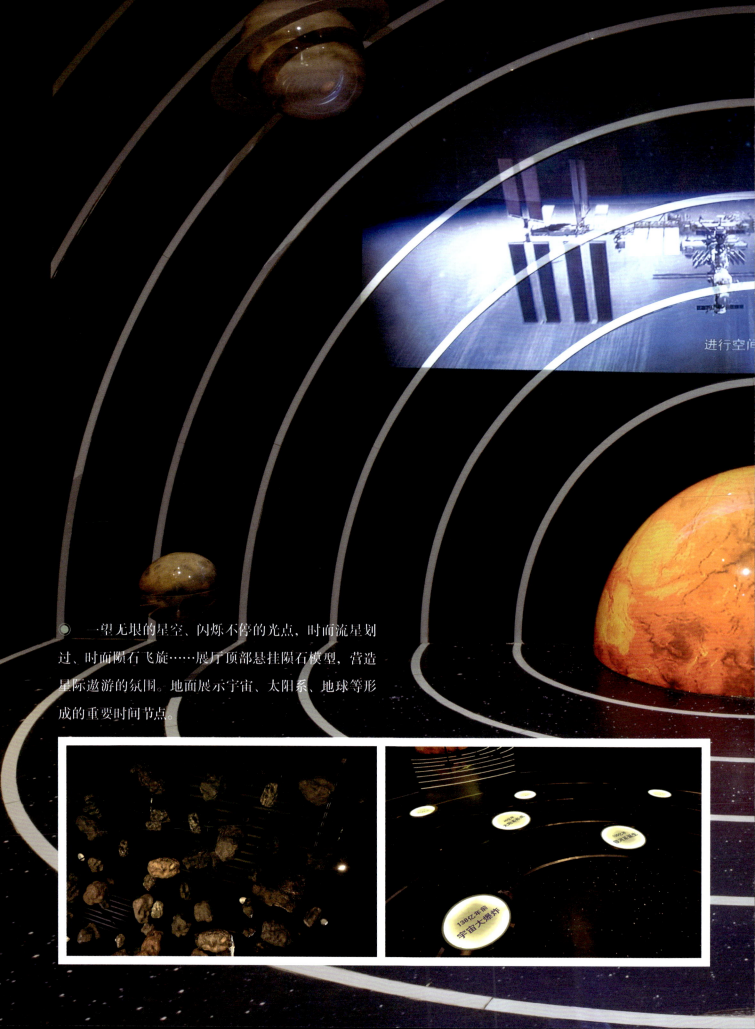

进行空间

　　一望无垠的星空、闪烁不停的光点，时而流星划过、时而陨石飞旋……展厅顶部悬挂陨石模型，营造星际遨游的氛围。地面展示宇宙、太阳系、地球等形成的重要时间节点。

138亿年前
宇宙大爆炸

宇宙大约在 150 至 137 亿年前的一瞬间由一个致密炽热的奇点一次大爆炸后膨胀形成。爆炸之初物质只能以中子、质子、电子、光子和中微子等基本粒子形态存在，随着温度降低、冷却，逐步形成原子、原子核、分子，并复合成为通常的气体；气体及尘埃逐渐凝聚成星云，星云进一步形成各种各样的恒星和星系，最终形成我们如今所看到的宇宙。

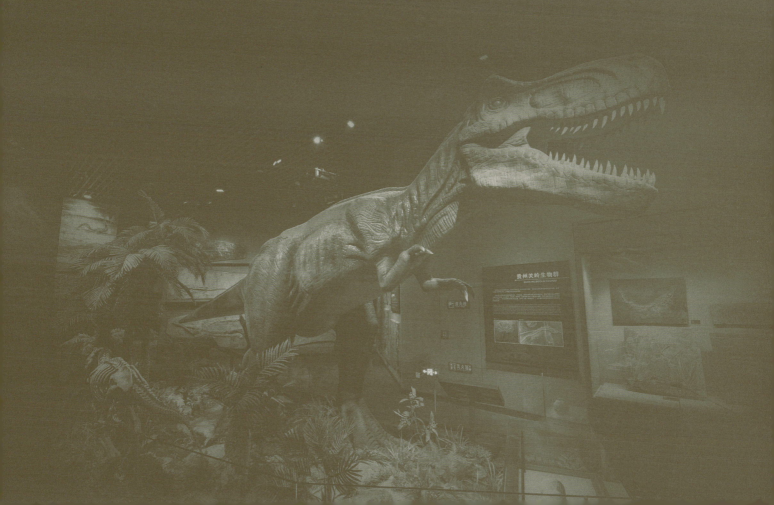

第 二 章

生命之光

本单元展出223件/套各类生物化石标本，通过这些标本，我们依稀可见生物进化、生命传承的发展轨迹，下面让我们一起沿着"生命之光"单元各地质时代及生物发展重要节点，亲身见证和探索生命进化传承的简要历程。

Eukaryote
真核生物

Prokaryote
原核生物

前寒武纪
PRECAMBRIAN ▼

前寒武纪对应于地质年代冥古代、太古代、元古代，时限46～5.41亿年。

冥古代
（46～40亿年）

原始地壳比较薄弱、火山频繁活动，从火山喷出的气体或在闪电、紫外线、冲击波、射线等能源下形成一系列有机小分子化合物.经过长期不断进化，可形成原始生命物质，为生命演化奠定基础。

太古代
（40～25亿年）

大气、水圈、生物圈逐步形成，原始菌类和一些低等原核细胞生物开始出现和繁殖。在澳大利亚西部34.6亿年岩石中找到了一些保存良好的菌类化石，是生命演化的初始阶段。

元古代
（25～5.41亿年）

形成地史时期的菌-藻类时代，是由原核生物向真核生物、从单细胞原生动物到多细胞后生动物演化的重要阶段，在这一时期的古老地层中发现了众多微古植物化石、宏观藻类化石及叠层石，我国近年来发现的高于庄化石群、蓝田、庙河、瓮安生物群、西陵峡（石板滩）生物群等进一步确立了我国在早期生命研究的领先地位。

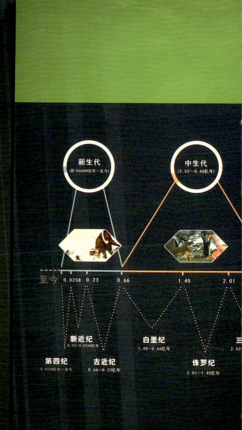

新生代
（距今6600万年～至今）

中生代
（2.52～0.66亿年）

至今　0.0258　0.23　　0.66　　　　1.45　　　2.01

新近纪
0.23～0.0258亿年

白垩纪
1.45～0.66亿年

三

第四纪
0.0258亿年～至今

古近纪
0.66～0.23亿年

侏罗纪
2.01～1.45亿年

前寒武纪
PRECAMBRIAN

距今 46—5.41亿年

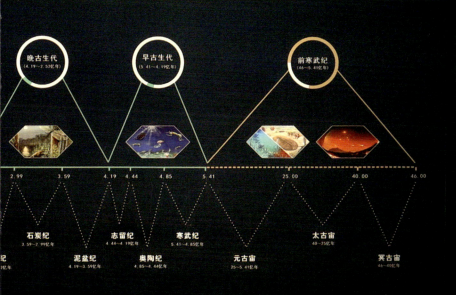

地质年代轴
GEOLOGIC TIME SCALE ▼

晚古生代
(4.19~2.52亿年)

早古生代
(5.41~4.19亿年)

前寒武纪
(46~5.41亿年)

2.99   3.59   4.19   4.85   5.41   25.00   40.00   46.00

石炭纪
3.59~2.99亿年

泥盆纪
4.19~3.59亿年

志留纪
4.44~4.19亿年

奥陶纪
4.85~4.44亿年

寒武纪
5.41~4.85亿年

元古宙
25~5.41亿年

太古宙
40~25亿年

冥古宙
46~40亿年

◉ 本章节以一条黑色亚克力板制作的时间轴作为展览内在主线，讲述生命的起源与进化。在展厅色彩的搭配上，为了更好地突显展陈的主题和表达展品特性，利用周围环境和背景颜色来渲染，使展品与环境呼应，特别是在选择墙面背景色和展板底色时，充分考虑本章节的展陈内容，用代表海洋的蓝色和代表生命的绿色作为主色调，通过色彩的搭配突出展览主题、呈现展品特点，同时配合灯光的使用，为观众营造一种身在海底的环境感受，将观众带回到远古的海洋世界，去探索发现远古原始生物。

早古生代

◎ 清江生物群是寒武纪生命大爆发的典型代表。西北大学早期生命与环境创新研究团队在宜昌市长阳土家族自治县境内清江与丹水河交汇处发现了一处距今 5.18 亿年寒武纪时期水井沱组特异埋藏软躯体化石库。

◎ 清江生物群是本区展示的重要内容，用三个独立柜重点展示清江生物群化石标本，该区域的展品较为特殊（石块中一个非常微小的生物标本），普通观众甚至都无法直接发现它，为了方便观众观展，在展柜中放置辅助观看的放大镜，对准生物标本，让观众能够轻松直接地观看，提升观展效果。

长阳中华盘虫

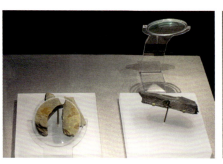

云南澄江生物群
CHENGJIANG BIOTA IN YUNNAN

下寒武统水井沱组中的长阳中华盘虫是一种小型浮游三叶虫，体长约 0.55cm。其发现为清江生物群 5.18 亿年年龄层概念的确定提供了极为有效的参考价值。

生命大爆发

　　距今 5.41–2.52 亿年前早古生代和晚古生代时期，地球有了太阳的光照。围绕太阳的公转和自转开始出现昼夜的变化，地表出现海洋、高山、高原、沟谷洼地和平原，生命开始繁衍、爆发。这一时期的生命以海生藻类和无脊椎动物为主，主要有三叶虫、笔石、腕足、头足类及软体、棘皮、节肢动物。其中奇虾、直角鹦鹉螺、盾皮鱼都曾经是海洋中的霸王。这一时期是生物界进化的重要时期。

类似乎是爬行类祖先

◉　　该区域是本章节的重要展示内容，运用场景复原、多媒体互动、落地式腰柜等展陈方式再配合灯光效果，试图还原真实的远古海洋世界。

◉　　为了突出远古海洋世界，该区域设计为一个半圆的弧形，背景采用大型油画，将远古海洋生物直接画在背景中，顶部采用 9 块蓝色的灯箱把顶面设计成海面波光粼粼的效果，在底部设计有 9 块嵌入地下的透明展窗，把仿真生物模型置入其中，再利用多媒体投影以视频播放的形式，将平面与立面、静态与动态结合，多维度的还原一个较为真实立体的远古海洋世界。

型背景油画、恐龙模型、多媒体投影、互动查询屏等展陈方式营造了一个生动的恐龙世界。

中生代

◉ 该区域中间设计成封闭的环岛式场景，对空间布局进行分割，突出展线的灵活多变，让该区域的空间规划更为合理，且不失层次性和整体性。观众可在两侧观展，既增加了展区的生动性与艺术性，又起到观众分流的作用。该区域利用大型背景油画、恐龙模型、多媒体投影、互动查询屏等展陈方式营造了一个生动的恐龙世界。

◎　该场景是整个展厅最有特点的场景之一，为了突出展览主题，本区域利用场景复原的形式，将大型仿真恐龙模型、恐龙骨架、仿真植物置入其中，复原一个较为真实的恐龙生存环境，同时利用腰柜与裸展的形式，直接把展品融入场景中，增强观展的趣味性与生动性。

恐龙是中生代的统治者，属于具有多样化优势的陆栖脊椎动物，最早出现在 2.3 亿年前的三叠纪晚期，侏罗纪至白垩纪中期最为鼎盛，灭绝于 6600 万年前的白垩纪晚期。恐龙家族极为庞大，种类繁杂，目前已基本确定有超过 500 个属，1047 个种，植食性、肉食性、杂食性都有发现。

恐龙骨架模型

贵州关岭生物群
GUANLING BIOTA IN GUIZHOU

三叠纪

● 该场景利用大型背景油画、植物模型、多媒体投影等展陈方式，还原恐龙的生存环境，展品以 8 个腰柜与裸展结合，也是整个展厅最有特点的区域，将展品直接嵌入场景的地面中，模拟化石标本被发现时的状态，展品中一件长 13 米、近 2 米宽的鱼龙化石是该区域展品中的重点。

南漳湖北鳄　　　　　　　　　　　　　　　　　　　　貴州龍

　　白垩纪末期，由于小行星或彗星坠落地球，撞击使大量的气体和灰尘进入大气层，以至于阳光不能穿透，全球温度急剧下降，黑云遮蔽地球长达数年，植物不能从阳光中获得能量，海洋中的藻类和成片的森林逐渐死亡，食物链的基础环节被破坏，大批动物因饥饿而死，约 75% ~ 80% 的物种灭绝，长达一亿六千三百万年之久的恐龙时代也在此终结。

三次生物大灭绝

　　奥陶纪末期，一颗中子星与黑洞相撞产生的伽马射线暴击中地球，杀死大量浮游生物与珊瑚，破坏了海洋食物链的基础，并引发全球变冷，造成史上第一次生物大灭绝。

　　泥盆纪末期，由于地幔运动，大量岩浆从西伯利亚地区喷涌而出，杀伤了成千上万的生物，并污染了海水，致使大量动物无法呼吸而死亡，由此发生了史上第二次生物大灭绝，造成70%的物种消失。

　　二叠纪末期，陨石或小行星撞击地球，使得气候突变、撞击激起的巨量尘埃使整个生态系统遭到严重破坏，很多物种失去了生存空间，造成了史上第三次生物大灭绝，地球上96%的物种灭绝。

中生代展区腰柜化石展示

化石的形成

　　化石是存留在岩石中的古生物遗体、遗物或遗迹，最常见的是骨头与贝壳等。化石形成必须满足以下因素：一、有机物必须拥有坚硬部分；二、生物在死后必须立即避免被毁灭；三、生物必须被某种能阻碍分解的物质迅速地埋藏起来；四、被埋藏的生物尸体必须经历长时间的石化作用；五、沉积物在固结成岩的过程中，压实作用和结晶作用都会影响化石的石化作用和保存。

　　鱼龙是一种类似鱼和海豚的大型海栖爬行动物；外形像鱼、生于海洋，四肢桨状、适于游泳，眼大、嘴长，牙齿尖锐、肉食，卵胎生。最早出现于约 2.5 亿年前，比恐龙稍微早一点，约 9000 万年前消失，亦比恐龙灭绝早 2500 万年。鱼龙体型有的细小、有的长达 10 ～ 14 米，三叠纪中期部分陆栖爬行动物逐渐返回海洋而演化为鱼龙，于侏罗纪最繁盛，在白垩纪又被蛇颈龙所取代。

鱼龙

根据展品的特点与展厅空间布局，此区域的展陈经过多次论证，最终确定以裸展结合展板的形式展出，为了保证展品与观众的安全，该处专门制作一套钢筋骨架，将展品直接挂在骨架上，再进行后期处理，既合理利用展厅的有效空间，又加强了与观众的互动性，同时也为视障的观众提供了一种通过触摸感受展品的观展方式。

海百合

化石及其保存条件

化石群落的地质意义

　　海百合是一种始见于早寒武纪的棘皮动物，生活在海洋中，具多条腕足，身体呈花状，表面有石灰质的壳，由于长得像植物，人们依据希腊词语 Krinon（百合）和 Eidos（形式）而定名。海百合在漫长的地史时期中曾经几度繁荣，其化石种类有 5000 余种，现代海洋中尚生存有 610 余种。根据外部形态，海百合分为有柄海百合和无柄海百合两大家族，它们的共同点在于其主要器官都集中在花朵的部分，而区别之处在于是否有着像尾巴一样的长柄。进食时，有柄海百合用羽状型的触手从"花托"中伸出，像风车一样迎着水流，尽情吃喝。无柄海百合的"触手"虽然没有有柄海百合的纤长，但是却能用它的小短手牢牢地固定在海藻或者海底的礁石上。

新生代
CENOZOIC ERA

距今 **6600万年－至今**

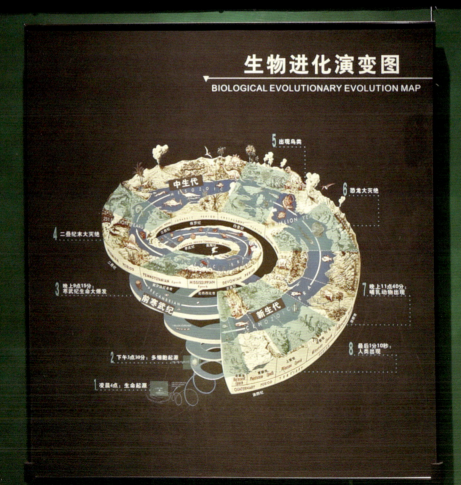

生物进化演变图

BIOLOGICAL EVOLUTIONARY EVOLUTION MAP

第四纪是地质时代中最新的一个纪，可划分为更新世和全新世，时限为258万年前左右至今。第四纪发生了两件大事，一是大规模的冰期，二是人类和现代动物的出现。全球气候出现了明显的冰期和间冰期不断交替的模式，绝大多数动、植物属种与现代相似，由于气候周期转型，哺乳动物不断迁徙、灭绝或进化，原始人类也从古猿分离并向现代人演化。

新生代
▼ CENOZOIC ERA

生物界逐渐呈现了现代的面貌，故名新生代。距今6600万年前，地表各个陆块此升彼降、缓慢漂移并分开或碰撞，逐渐形成今天的海陆分布，爬行动物大部分灭绝，裸子植物被极度繁盛的被子植物取代，哺乳动物大发展，新生代称为哺乳动物时代或被子植物时代，哺乳动物分化为许多门类，到第四纪后期出现了最高等动物——原始人类。

The biological world gradually presented modern features, so this era is called the Cenozoic Era. About 66 million years ago, land masses rose and fell. They drifted slowly and separated or collided. Then today's land-sea distribution was forming. Most reptiles were extinct and gymnosperms were replaced by the extremely prolific angiosperms. Mammals proliferated into many categories. Therefore, the Cenozoic Era is also known as the Age of Mammals or the Age of Angiosperms. At the end of the Quaternary, the most advanced species—hominid came into existence.

MAMMALS 人类华章

◆ 新生代时期——哺乳动物

◆ 新生代时期——人类

Earlymammals
早期哺乳类动物

Ancestralhorse
始祖马

Rhinoceros
犀牛

● 该区域主要利用大型背景喷绘与模型结合的展陈方式，大型背景喷绘以原始森林为主要内容，以突出该区域要表达的展陈主题，呈现人类的生存环境，同时结合古人类骨架模型、古人类分布沙盘、互动查询、展板等多种方式，让观众能够详细了解人类迁徙、进化、发展的过程。

人类的起源和现代人的起源是两个不同概念，前者指我们最初的祖先，即远祖的来源，是从古猿中分化出来的具有直立行走能力的灵长类群体；后者指我们的直系祖先，就是近祖的来源。

第 三 章
走近地球

地球是太阳系八大行星之一，也是我们人类居住的美好家园；她孕育了我们，给我们带来了欢乐和幸福，由于地壳运动、地质作用及人类活动的影响，也不时会给我们带来灾难和痛苦。

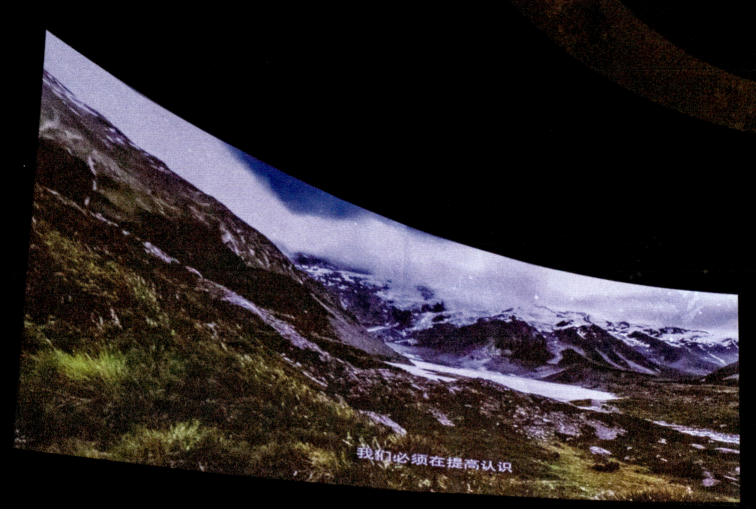

我们必须在提高认识

泥石流
DSLIDE

崩塌
COLLAPSE

滑坡
LANDSLIDE

海啸
TSUNAMI

地震
EARTHQUAKE

大陆漂移
CONTINENTAL DRIFT

◉　为了表现展陈主题与内容，本章节主要是以展板与多媒体结合，从地球结构、大陆漂移、地质灾害、环境保护 4 个方面来介绍。

◉　展板以图文结合的形式介绍地球知识，以避免观众的观展枯燥感，展板和背景喷绘则是以蓝色为底色，既能更好地突出展陈主题，也符合该区域的特点。

◉　多媒体技术的应用增加了该区域的丰富性和趣味性，地质灾害与环境保护的视频与展板介绍相结合，达到动态和静态互补，让观众能够直观、生动地了解地球、认识地球、爱护地球。

地球结构
EARTH STRUCTUR

走近地球
APPROACHING
THE EARTH

PART II

地球全息投影场景是该区域一个亮点，该场景以圆形展台形式呈现，中间是地球投影，投影机安装在展台内部，顶部设计成环形，配合灯箱、射灯的使用，突出地球主体。该场景的设计不仅增添了展线的灵活性，也充分利用展板、灯光、多媒体结合的方式突出主题，提升了整体的展陈效果。

立面效果图

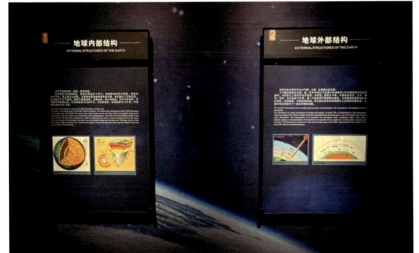

地质灾害是在自然或者人为因素的作用下形成的，对人类生命财产、环境造成破坏和损失的地质作用（现象）。我国常见的主要地质灾害有地震、崩塌、滑坡、泥石流、地面沉降、水土流失、土地沙漠化等。地质灾害属于自然灾害的一部分，自然灾害除上述灾害外还包括旱灾、洪涝、台风、风暴潮、海啸、龙卷风、沙尘暴、冻害、农林病虫害和森林火灾等。

第 四 章

岩石矿物

岩石矿物是地球地壳（圈）基本组成，与水（圈）、大气（圈）、生物（圈）共同构成四大自然资源。岩石是天然产出的具稳定外形的矿物或玻璃集合体，是构成地壳和上地幔的物质基础。矿物是地壳内外各种岩石和矿石的组成部分，是具有一定化学成分和物理性质的自然均一体。

該區域以通柜展陳的方式為主，5 個通柜內
高低錯落擺放的各類岩石與礦物標本是本區域的
重點。配合開放式的互動查詢轉盤與屏幕，讓觀
眾在觀展的同時也能觸摸展品，增強觀眾的互動
體驗感。

矿石矿产
THE ORE RESOURCES

矿石

矿产

岩石按成因分为火成岩（岩浆岩或喷出岩）、沉积岩和变质岩，三者可以互相转化。岩石具有特定的比重、孔隙度、抗压强度和抗拉强度等物理性质，是建筑、钻探、掘井等工程需要考虑的因素；岩石也是各种矿产资源赋存的载体，不同种类的岩石含有不同的矿产。人类从石器时代就开始利用岩石，在科学技术高度发展的今天，人们的衣、食、住、行、游、医……无一能离开岩石。研究岩石、利用岩石、藏石、玩石、爱石已不再是科学家的专利，而逐渐成为广大群众生活的组成部分。

● 矿物查询互动圆盘将传统的展览方式与现代科技相结合，利用多媒体技术作为展览的辅助与补充。按照矿石矿产、矿物、岩石三大类，挑选12件代表性岩石矿物固定于圆盘上，让观众通过触摸与近距离观察直观感受不同岩石矿物的质感特性，并通过互动查询屏具体了解各类岩石矿物的相关知识。

矿物化石精品

硅化木

菊石

孔雀石

翡翠

红宝石原石

天然硫

自然铜

矿物是地壳内外各种岩石和矿石的组成部分。目前人们能直接观察或利用的矿物基本上都产自地球岩石圈中，全世界已发现且命名的矿物有 3800 多种（不包括亚种），其中绝大多数是无机物，属晶质矿物，只有极少数（如水铝英石）属于非晶质矿物；大部分矿物是固体，也有的是液体（如自然汞、石油）和气体（如 CO_2、H_2S 等）。

◉　根据该章节展品数量较多、形制多样、类型丰富的特点，采用 5 个通柜分别展示矿石、矿物、珠宝玉石、岩石与宜昌矿物等类展品。

◉　通柜内以集中阵列的形式陈列，每个展柜的陈列形式又有不同，运用平托、挂钩、平放三种方式互相组合搭配，营造一个灵动又有艺术感的陈列空间。

第 五 章
宜昌地质

宜昌市位于湖北省西南部，地处长江上游与中游结合部，鄂西武陵山脉和秦巴山脉向江汉平原的过渡地带。宜昌地形多样，山区、丘陵、平原兼有，高低相差悬殊。宜昌地质构造较为复杂，距今十八亿年前的元古界到距今百万年前的新生界之间的各个地质时代地层均有分布。

泥质粉砂岩（虫迹化石）
Muddy siltstone(worm trace fossil)

泥质白云岩
Mudstone

多彩宜昌
COLORFUL YICHANG

宜昌王家湾志留系、奥
暨赫南特阶界线层型剖面及

宜昌黄花场中、下奥陶系
暨大坪阶界线层型剖面及点位(GSSP)

宜昌「金钉子」

宜昌地层地质剖面
YICHANG STRATUM GEOLOGY SECTION

宜昌地质与长江三峡的形成

　　长江三峡的形成大致有三个阶段：一是早在距今 2.3 亿年左右的三叠纪，长江流域是一片辽阔的大海，三叠纪末（距今 2.01 亿年）发生的燕山运动使三峡地区地壳上升，形成西部古"长江"与东部古"长江"雏形；二是在距今约 1.45~0.7 亿年，中部三峡地区的齐岳山、巫山、黄陵三段山地背斜相继隆起，顺坡面发育的河流各自形成相反的流向，是为古长江水系；三是距今 4000 万年前新生代之初，长江流域中上游地面多次普遍间歇上升，加之河流不断溯源侵蚀、夺袭，浩渺的西部之水汇向东流，江水贯通一气，形成今日之长江三峡。

◉　根据展陈内容的安排与特点，此区域设计是以宜昌地质沙盘模型与多媒体查询屏为主要的展陈方式，再配合展板的图文介绍，让观众能够非常直观详细地了解宜昌的地形地貌。

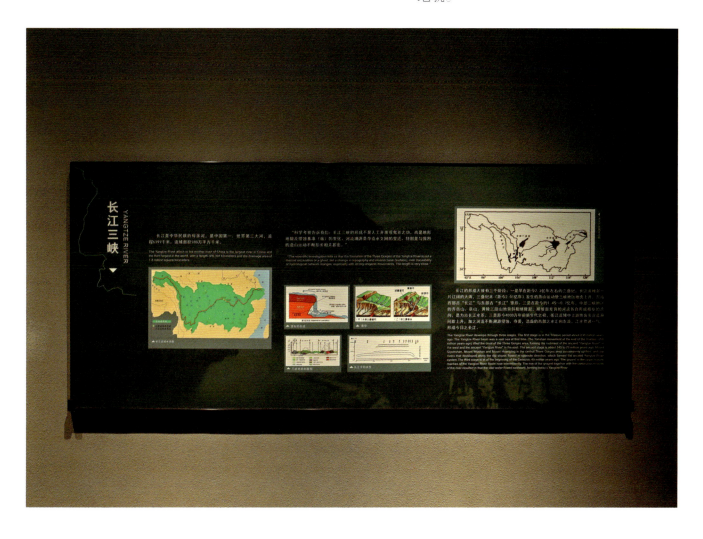

宜昌地层地质剖面图

应用模型复原的展示方法，将宜昌地质地层剖面形象地展现出来，配合多媒体查询屏的使用，让观众能够直观地了解宜昌地层的地质结构与分布。

宜昌地质构造总的轮廓是地域内中、北部为黄陵断穹，东部为当阳盆地，西部为秭归盆地，南部为长阳复式背斜，西北、北侧有神龙架断穹及台缘褶皱带。

由李四光先生创建，经众多地质学家不断完善，在剖面及其周围地区我们可以观察和搜索中国南方大陆最古老的岩石地层——黄陵断穹和史前最早"脚印"——埃迪卡拉动物群及庙河生物群、西陵峡生物群、南华大陆冰川遗迹及震旦或南华系界线，晋宁运动不整合面及黄花场中／下奥陶统界线层型剖面、王家湾赫南特阶层型剖面，陨石撞击遗迹及新滩滑坡点等。

　　"金钉子"是全球年代地层单位界线层型剖面和点位的俗称，是在一个特殊的地层剖面中所指定的一个特定间断和特定点。"金钉子"一旦在某个地方"钉下"，该地点就变成一个地质年代的"国际标准"。对照它便可以对应标出其他岩层的"年龄"，是年代地层统一的"度量衡"。截至2017年全球已建立69枚"金钉子"，我国获得了11枚，其中两枚便位于宜昌地区，分别为王家湾金钉子与黄花场金钉子。

金钉子模型

　　金钉子模型是该区域一个较有特点的展柜，前期制作时，多次前往金钉子所在地考察论证，经过与地质部门协调，决定采用翻模复制的方法，将金钉子最具代表性的部分从山体上复制下来陈列在展柜中，重点表现金钉子与宜昌在地质界的重要性，突出展陈主题。

此段阴沉木 2015 年 7 月在枝江市安福寺镇玛瑙河边出土，为核桃木，距今 5390 年。阴沉木又称乌木，质地坚实厚重，色彩乌黑发亮，断面柔滑细腻，耐腐朽抗虫蛀，兼备木的古雅和石的神韵，是树木因自然灾害埋入淤泥中，在缺氧、高压状态下，经成千上万年的碳化过程形成的。

多彩宜昌

为了突出宜昌三峡地区的地质特点，本展区背景采用山形的设计与背景喷绘融为一体，再将岩石矿物标本放入圆形的嵌入式展柜中，配合裸展的阴沉木、三峡坝基石，在形式设计上做到平面与立面结合，在展陈方式上实现展柜与裸展结合，形成一个主题突出、特点鲜明、极具艺术美感的展陈空间。

三峡奇石

结语

山是宜昌的形，水是宜昌的魂。山水宜昌是造物主的杰作，是大自然留下的精彩华章。峡谷地貌、溶洞景观、名山水景、原始森林及人类遗迹是宜昌的宝贵财富。三峡的地层剖面、古生物资料、地质地貌特点，完整丰富、世所罕见，是中国最大的国家地质公园。

缘起缘灭、相聚宜昌，礼赞生命，唯愿世界更加美好。